Christa Möller

Winter
Weihnachten – Neujahr

Fensterbilder aus Tonkarton

frech-verlag

ISBN 3-7724-1382-X · Best.-Nr. 1382 · © Copyright 1990 by Frech

4. 5. Auflage
Erste Zahl maßgebend

frech-verlag

Jahr: 1994 93 92 91 90
Letzte Zahl maßgebend

Printed in Western Germany · Druck: Frech, Stuttgart-Weilimdorf

Wenn am 21. Dezember der Winter beginnt, ist das Weihnachtsfest nah. Meistens sind Fenster und Türen mit Tannenzweigen, Engeln oder anderen weihnachtlichen Symbolen schon längst geschmückt.

In diesem Heft finden Sie viele Anregungen hierzu. Es enthält Fensterbilder und Figuren für die Weihnachtszeit.

Einfachere Bastelarbeiten für Kinder habe ich natürlich auch nicht vergessen.

Wie schnell ist aber Weihnachten wieder vorbei! Zum Jahreswechsel können Sie dann ein dickes Glücksschwein oder einen Schornsteinfeger herstellen.

Ich wünsche Ihnen eine behagliche und frohe Winter- und Weihnachtszeit mit viel Kurzweil beim Basteln!

So werden Fensterbilder hergestellt

Das verwendete Material

Tonkarton in verschiedenen Farbtönen
Tonpapier in verschiedenen Farbtönen
Dekopapier mit kleinem Muster
Zeichenkarton und Schreibpapier, weiß
leichte Graupappe
Gold- und Alufolie
Goldsternchen
Tortenspitze, rund, 20 cm ∅
Tortenspitze, oval, 41 × 28 cm
spitze, scharfe Schere
Stick- oder Silhouettenschere
Nagelfeile
Nähgarn, Perlgarn oder Wolle zum Aufhängen
durchsichtiges Lineal
Zirkel, Locher, Lochzange
Filzstifte, Deckfarben, roter Buntstift
weicher Bleistift, Radiergummi
UHU extra für kleine Flächen
UHU flinke flasche für größere Flächen
UHU hart für Alu- und Goldfolie

Tonpapier – Tonkarton

Für den Rahmen und die größeren Figuren ist grundsätzlich **Tonkarton** nötig. Er gibt die notwendige Stabilität. Kleinere Teile werden aus **Tonpapier** geschnitten. Ist Tonkarton in der gewünschten Farbe nicht erhältlich, so kann man auch Tonpapier doppelt kleben. In etwa wird dann die Stärke des Tonkartons erreicht.

Die Erstellung des Musters

Sie können das Muster vom Vorlagenbogen mit Blaupapier durchpausen. Am besten legen Sie jedoch Transparentpapier darüber und ziehen mit einem weichen Bleistift die Linien nach. Transparentpapier gibt es als DIN-A 4- und DIN-A 3-Block zu kaufen. Man kann auch Butterbrotpapier von einer Rolle verwenden.
Das Muster ausschneiden, auf das Tonpapier legen und mit dem Bleistift umfahren. Oder Sie legen das Tonpapier unter das Muster und schneiden beides gleichzeitig aus. Das geht besonders gut bei kleineren Teilen.

Bei Fenstern und Rahmen ist zu empfehlen, einen Musterrahmen aus Abfallpappe zu erstellen, der immer wieder benutzt werden kann.

Schneiden – Kleben – Aufhängen

Große Außenschnitte führen Sie am besten mit einer normalen Schere aus. Für kleinere Teile und Fensterecken greifen Sie zur Stick- oder Silhouettenschere.
In Fensteröffnungen und Rahmen stechen Sie am besten zuerst hinein und führen nach allen Seiten Entspannungsschnitte durch.

Klebstoff sollte nicht zu dick und nicht zu nah am Rand aufgetragen werden. Für ganz kleine Teile genügt oft ein Pünktchen Kleber, das man mit einem Streichholz oder Stückchen Draht überträgt.

Für das **Aufhängen** benötigen Sie nicht unbedingt eine Lochzange. Sie können die Löcher auch vorsichtig mit einer Nadel stechen und dann den Faden durchziehen. Fäden sollten farblich auf das Objekt abgestimmt sein. Geeignet sind Perlgarn, Perlonfäden und Nähgarn.
Kleine Elemente hängt man grundsätzlich nur an Nähfäden.

Doppelt oder einfach

Ob Sie beidseitig arbeiten oder nur einfach, hängt davon ab, ob das Fensterbild an seinem Platz von drinnen und draußen zu sehen ist.
Wenn Sie beidseitig arbeiten, schneiden Sie alle Teile sofort doppelt aus.

Fensterbilder für den Winter

Diese Bilder können Sie bis zum Frühjahr hängen lassen, sie bleiben aktuell.

Barbarazweige

Tonkarton, rot und dunkelbraun
Tonpapier, grün
Schreibpapier, weiß

Wenn man am Barbaratag Zweige vom Kirschbaum in Wasser stellt, blühen sie an Weihnachten.
Einige Blüten können doppelt geklebt werden, dann wirken sie plastisch.

Vogelbeeren im Schnee ▷

Tonkarton, schwarz
Tonpapier, schwarz, rot und hellbraun
Zeichenkarton
Klarsichtfolie
UHU allplast

Die Vogelbeeren locken mit ihren roten Beeren die hungrigen Vögel an.
Sie können das Bild ganz aus Tonpapier schneiden und auf eine Klarsichtfolie kleben. Hinterkleben Sie alles noch einmal mit einem Ring aus schwarzem Tonkarton.
Die Beeren sind mit dem Locher gestanzt.

Vogelhaus im Schnee, bemalt und unbemalt

Bemalt

Tonkarton, dunkelbeige
Zeichenkarton, weiß
Tonpapier, braun und grünblau
Wasserfarben aus einem Schulmalkasten, Deckweiß

Falls Sie kein Maltalent haben, so sollten Sie anhand des Fotos versuchen, die Vögel mit kleinen Strichen zu bemalen. Gelb für die Bauchseite mit Deckweiß mischen. Übermalen Sie mehrmals. Dunkle Farben zuletzt auftragen.

Unbemalt

Tonkarton, braun
Zeichenkarton, weiß
Tonpapier, beige, gelb und schwarz
Vögel: Tonpapier in drei Grüntönen
Vorlage von Seite 8 verwenden

Kleben Sie die Flügel der Vögel nur punktuell fest, damit sie plastisch aufgebogen werden können. Die obere Schicht Schnee wird nur leicht fixiert. Das Futter besteht aus Locherpunkten, die teilweise zerschnitten sind.

Schlittschuhlaufen

Tonkarton, blau, für den Fensterrahmen
Tonpapier, blau, für die Fensterflügel
Tonpapier, hellgrau, hellblau und schwarz
Schreibpapier
Alufolie
Tortenspitze, oval
Zeichenkarton, weiß

Der Blick aus dem Fenster zeigt die Kinder beim Schlittschuhlaufen.
Zuerst wird der Rahmen mit Weiß hinterklebt, darauf den See befestigen. Die Kinder und den Baum muß man mit der Silhouettenschere schneiden. Die Fensterflügel werden zuletzt angeklebt.

Nikolausfenster

Tonkarton, schwarz
Tonpapier, gelb, beige, rot, grün, braun
Tortenspitze, rund

Kleben Sie zuerst die Gardine hinter das Fenster. Dann binden Sie den fertigen Engel an das Kreuz. Den Teddy zusammenkleben, ein Bein herunterhängen lassen und mit Filzstift bemalen.

◁ *Weihnachten im Wald*

Zeichenkarton, weiß
Tonpapier, schwarz, grau, braun, hellbraun, rotbraun, gelb, rot und grün
Goldfolie

Die Tiere des Waldes sitzen im Schnee und bestaunen den geschmückten Weihnachtsbaum.
Legen Sie alle Tiere und den Baumschmuck vor dem Festkleben erst auf den Hintergrund.

Nikolausring

Tonkarton, braun
Tonpapier, gelb, rot, schwarz und grün
Schreibpapier

Befestigen Sie zuerst den doppelten Mittelstern und fixieren Sie auf der Klebestelle einen Weihnachtsbaum. Danach legen Sie alle übrigen fertiggestellten Teile auf den Ring und kleben sie an. Auch hier können die Kleinen helfen.

◁ *Das Christkind kommt*

Tonkarton, rot für den Rahmen
Tonpapier, rot, für die Fensterflügel, gelb, schwarz, grün, braun, blau
Dekopapier
Zeichenkarton
Schreibpapier
Tortenspitze, oval
Goldsternchen

Das Christkind kommt mit dem Schlitten voller Geschenke. Hinten sitzt der Teddy. Kleben Sie zuerst den weißen Zeichenkarton ein und legen Sie dann die fertiggeklebten Teile an ihren Platz. Der Sitz des Schlittens wird auf die Kufen gesetzt. Sie können auch einen Faden von der Hand des Christkinds zum Schlitten anbringen. Den Christbaum so an den Rahmen kleben, daß noch Platz für die Fensterläden bleibt.
Die Spitzenstücke der Gardine übereinanderlegen.

Engelchen im Sternenring

Tonkarton, gelb
Tonpapier in drei Gelbtönen
Goldfolie

Bei diesem Bild können die Kinder mithelfen, die vielen Sterne auszuschneiden.
Das Engelchen muß mit dem Kopf auf den Zapfen geklebt werden und mit den Füßen auf den Steg. Die Anordnung der Sterne treffen Sie selbst nach Ihrem Geschmack.

◁ Bescherung

Tonkarton, schwarz
Tonpapier, grau, blau, braun, rot, grün, schwarz und gelb
Schreibpapier
Goldfolie

Der Weihnachtsmann hat gerade eine Puppe für das kleine Mädchen aus dem Sack geholt. Was ist wohl noch darin? Hinterkleben Sie das untere Drittel des Rahmens mit Zeichenkarton. Schneiden Sie alle Figuren mit einer Stickschere aus, und kleben Sie den Weihnachtsmann zusammen. Legen Sie alles erst hin, bevor Sie es festkleben.
Die Schneeblende wird als Faltschnitt vom Mittelknick her geschnitten.

Kleiner Weihnachtsmann im Schnee

Tonkarton, schwarz
Tonpapier, rot, beige, grün, grau, braun
Schreibpapier

Der kleine Weihnachtsmann wird dicht in die Ecke geklebt. Erst den Mantel anbringen, das Gesicht und dann den Bart. Der Stern wird doppelt geschnitten, etwas verschoben und mit einem Faden in der Mitte zusammengeklebt.

◁ *Die Heiligen Drei Könige*

Tonpapier, hell- und dunkelrot, hell und dunkelblau, grün, hell- und dunkelgelb, beige
Goldfolie

Die stehenden Könige werden zunächst ohne Krone hintereinandergeschoben und angeklebt. Die rote Figur muß etwas höher stehen. Dann alle übrigen Teile hinlegen und mit Goldkronen und Sternen verzieren.

Krippenhaus

Tonkarton, schwarz; Zeichenkarton, weiß
Tonpapier, grün, graugrün, braun, beige und gelb
Goldfolie

Die Anbetung der Hirten ist in diesem Krippenbild dargestellt.
Schneiden Sie die kleinen Teile mit einer Stickschere aus.
Achten Sie bei den Schäfchen auf die unterschiedliche Haltung der Köpfe.

◁ ## *Tanne, Stern und Nikoläuschen*

Tonkarton für die Grundfiguren
Tonpapier für die Verzierungen
Schreibpapier

Beim kleinen Nikolaus wird das Gesicht unter Bart und Hutrand befestigt. Bemalen können Sie es mit Filz- oder Buntstift. Diese Motive sind nicht schwierig nachzuarbeiten und sind deshalb auch für Kinder geeignet.

Weihnachtsmann mit Eselchen und Rute

Tonpapier, rot, grün, gelb und braun
Schreibpapier, weiß
Tonkarton, grau, für den Esel
Tonkarton, braun, für den Stock
Goldsternchen

Weihnachtsmann
Kleben Sie die Halbmesser des Viertelkreises aufeinander, so daß sich eine Tüte bildet. Kleben Sie diese Tüte innen oben zusammen. Auf der Tütenspitze werden von beiden Seiten die Köpfe befestigt (Tüte reicht bis zur Kopfmitte). Plazieren Sie Bart und Mütze. Kleben Sie die mit Handschuhen versehenen Arme leicht unter den Bart, unter dem Arm die Rute anbringen. Der Stock ist aus Karton gearbeitet. Schneiden Sie den Tütenkörper zuletzt am unteren Rand gerade, damit er einen guten Stand hat. Zusätzlich können Sie die Figur mit Toilettenpapier vorsichtig ausstopfen.

Esel
Der Esel ist aus Tonkarton – doppelt geschnitten. Kleben Sie beide Teile bis zur Körpermitte zusammen und biegen Sie die Beine auf.
Paket und Tännchen können Sie auf beiden Seiten (also doppelt) befestigen.

◁ *Setzkasten-fenster Weihnachtszeit*

Tonkarton, weiß
Tonpapier, rot, grün, beige, gelb, braun, blau und schwarz

In dieses Setzkastenfenster können Sie auch andere weihnachtliche Motive kleben. Die kleinen Teile schneiden Sie am besten mit der Nagelschere aus.
Beim Nikolaus wird der Bart über dem Gesicht befestigt. Kleine Bemalungen werden mit Filzstift oder Deckweiß ausgeführt.

Winternacht

Graupappe für den Rahmen
Tonpapier, grün, rot, schwarz, hell- und dunkelblau, zwei Gelbtöne
Deckweiß

Schneiden Sie die kleinen Teile mit der Nagelschere aus und kleben Sie sie fest.
Die weißen Umrandungen werden mit Deckweiß gemalt.
Ganz kleine Sterne sind weiße Locherpunkte.

Weihnachtsband für Kinder

Tonpapier, rot, grün, braun und weiß
Goldfolie

Wenn das Band frei hängt und von beiden Seiten zu sehen ist, müssen alle Teile doppelt geschnitten werden. Beim Aufeinanderkleben den Faden in der Mitte der Herzen, Engel und Blätter einlegen.

Türschmuck

(siehe Seite 25 und 26)

Die beiden Figuren habe ich besonders groß entworfen, damit man sie auch gut von der anderen Straßenseite aus sehen kann. Selbstverständlich können sie auch an einer Innentür hängen.
Für die Außenaufhängung empfehle ich Ihnen eine zusätzliche Befestigung mit Klebekissen.

Weihnachtsmann – Nikolaus

Tonkarton, rot und schwarz
Schreibpapier, weiß
Tonpapier, rosa oder beige

Legen Sie das Gesichtstück unter den Bart, den Sie vorher einschneiden müssen. Die Stiefel liegen hinter dem roten Körper, darüber der weiße Fransenbesatz.
Die Bäckchen können Sie mit Lippenstift oder Wasserfarbe auftupfen.

◁ *Blühender Weihnachtsbaum*

Tonkarton, grün
Tonpapier, rot, zwei Grüntöne und gelb
Schreibpapier, weiß

Der Umriß der Tanne ist aus Karton. Den Fuß können Sie hinterkleben. Die Weihnachtssterne bestehen aus zwei Teilen, die nur leicht aufeinandergeklebt werden. Die gelben und grünen Punkte sind mit dem Locher ausgestanzt. Die Christrosen sind aus doppeltem Schreibpapier gestaltet. Einige Blättchen werden auf die Grundform geklebt und leicht hochgebogen. Wählen Sie unterschiedliche Grüntöne für die Blätter!

Fünf Hänger mit Deko-Papier *(Abb. unten)*

Leichte Graupappe, Reststücke
Deko-Papier mit kleinen Mustern und Bildchen

Diese Hänger können Sie variabel nach Ihrem Geschmack verzieren.

M.S. „Santa Claus"

◁ *M.S. Santa Claus*

Zeichenkarton, weiß
Tonpapier, grün, gelb, blau, braun und rot

Der Nikolaus kommt mit seinem eigenen Schiff an.
Diese Arbeit ist so leicht anzufertigen, daß sie von Kindern gut gearbeitet werden kann.
Alle Teile werden auf die Grundform des Schiffes von vorne oder hinten aufgeklebt.

Engel und Weihnachtsbaum mit „Zuckerguß"

Tonkarton, beige und braun
Goldfolie
Schreibpapier
Goldsternchen
Tonpapier, braun

Beim Engel ist der Grundkörper beige, die Flügel werden aus Tonpapier aufgeklebt. Schneiden Sie die weißen Dekorationen doppelt als Faltschnitt. Das gilt auch für die Tanne.
Beiden Figuren als Wandschmuck einen Bildaufhänger an die Rückseite kleben.
Als Raumschmuck oder Fensterbild mit dem Locher im oberen Teil der Figur eine Aufhängmöglichkeit ausstanzen.

Fensterbilder für Neujahr

Des Jahres letzte Stunde

Tonkarton, blau
Zeichenkarton, weiß
Tonpapier, schwarz, dunkel blau, grün-blau, hellblau
Alufolie

Kleben Sie Weiß, Hellblau, Grünblau, Silber und Dunkelblau schichtweise hintereinander. Zuletzt die schwarze Silhouette der Stadt.

Der Nachtwächter steht um Mitternacht im Schnee und bläst in sein Horn; es ist die letzte Stunde des Jahres.

◁ Die Lampe einmal senkrecht und waagerecht falten, um die Ausschnitte zu erhalten. Mond und Wolke werden mit Tonpapier hinterklebt.

Schornsteinfeger

Tonpapier, schwarz, rot und grün
Schreibpapier, weiß

Alle Teile doppelt schneiden, die Hose vierfach. Die Hose nur im Falz zusammenkleben, den Faden dazwischenlegen. Die übrigen Teile werden jeweils vor und hinter dem Faden befestigt. Der schwarze Mann kann sich in der Taille drehen.

Glücksschwein

Das Schwein doppelt ausschneiden und den Aufhängefaden des Kleeblattes zwischen die beiden Hälften kleben. Die Verzierungen nach Ihrem eigenen Geschmack mit Filzstift anbringen. Das Schwänzchen wird angeknotet.